無伴奏混声合唱のための

アニソン・オールディーズ

編曲／信長貴富

にっぽん昔ばなし ‥‥‥ 4

ゆけゆけ飛雄馬 ‥‥‥ 7

ルパン三世のテーマ ‥‥‥ 14

宝島 ‥‥‥ 22

ゲゲゲの鬼太郎 ‥‥‥ 29

鉄腕アトム ‥‥‥ 37

詞 ‥‥‥ 46

カワイ出版

委嘱　　　カワイ出版
初演　　　2009 年 8 月 2 日　いずみホール
　　　　　《The Premiere vol.1 〜真夏のオール新作コンサート〜》
　　　　　●にっぽん昔ばなし
　　　　　　　　指揮　渡邊志津子
　　　　　　　　合唱　PLOVER Pure Blueberry
　　　　　●ゆけゆけ飛雄馬
　　　　　　　　指揮　伊東恵司
　　　　　　　　合唱　なにわコラリアーズ
　　　　　●ルパン三世のテーマ
　　　　　　　　指揮　向井正雄
　　　　　　　　合唱　Vocal Ensemble《EST》
　　　　　●宝　島
　　　　　　　　指揮　上西一郎
　　　　　　　　合唱　Chœur Chêne
　　　　　●ゲゲゲの鬼太郎
　　　　　　　　指揮　上西一郎・向井正雄・伊東恵司
　　　　　　　　合唱　The Premiere Chorus（上記 4 団体合同）
　　　　　●鉄腕アトム
　　　　　　　　指揮　信長貴富
　　　　　　　　合唱　The Premiere Chorus
演奏時間　にっぽん昔ばなし　　（3'00"）
　　　　　ゆけゆけ飛雄馬　　　（4'00"）
　　　　　ルパン三世のテーマ　（2'40"）
　　　　　宝島　　　　　　　　（4'10"）
　　　　　ゲゲゲの鬼太郎　　　（3'40"）
　　　　　鉄腕アトム　　　　　（4'50"）

アニメソングがアニソンと略されるようになったのはここ最近、おそらく 10 年くらい前からだろう。今回の選曲は 1970 年代以前に放映された作品に的を絞ったから、それらをアニソンと呼ぶことに違和感を持たれる方もいらっしゃると思うが、過去と現在の差異あるいは連続性を仄めかす意図から、敢えてこの語をタイトルに付した。

1963 ～ 1966 年に放映された「鉄腕アトム」（手塚治虫＝原作）は、日本のテレビアニメ創成期を代表する作品である。新しい文化を創造しようとする作り手たちの情熱と、当時の日本人が抱く未来への夢が重なり、空前の人気番組となった。手塚作品の特徴は、正義の味方にも悪党にも等しく心の弱さが存在することが描かれ、単純な勧善懲悪の図式に陥らない点にある。そこには戦時教育に対する反発があり、その思いが「心やさしい科学の子」という新しいヒーロー像を生み出したと言えるだろう。

手塚治虫とそのスタッフたちの手によって、アニメは一つの文化としての地位を確立する道を歩み始めた。近年の日本におけるアニメの立ち位置は、世界に誇るべき文化であるという認識の一方で、どちらかというとサブカルチャーの側に追いやられている感も否めない。

アニメの主題歌は、そのアニメを象徴する重要な役割を果たしている。また、童謡や唱歌といったものが子どもの生活実態から次第に乖離していく中で、子どもが歌える歌の役割を補完あるいは代替するものとして（その是非はともかく）アニメソングが機能するようになった。（ただし現在「アニソン」と呼ばれるものは、かつてのアニメ主題歌はまた違った様相へと変容しているように思う。）アニメの記憶はアニメソングとともにあり、アニメソングは子ども時代の思い出を呼び覚ます装置であると言える。また、社会の中での子どもの在り方や、家族観、ジェンダー観など、時代の投影を歌詞の中に見出すこともでき、社会学の資料としても興味深い。

にっぽん昔ばなし ［1975 年］

日本各地に伝わる民話を、絵本の読み聞かせのスタイルでアニメ化した番組。子守歌を思わせる優美な主題歌の背景には、龍が大空を舞うアニメーションが流された。オリジナルは女声の 2 重唱で歌われており、その印象をもとにアカペラ女声合唱に編曲した。

ゆけゆけ飛雄馬 ［1968 年］

いわゆる“スポ根もの” 3 作品（巨人の星・タイガーマスク・アタック No.1）をメドレー形式で繋いでみた。上演する際プログラムには後半 2 作品のタイトルは伏せ、「ゆけゆけ飛雄馬」とだけ表記する方が編曲の意外性を活かせるだろう。ちなみに「タイガーマスク」と「アタック No.1」の放映開始は「巨人の星」の翌年である。女声パートを省き、男声合唱として演奏することも可能。

ルパン三世のテーマ ［1977 年］

「アニメ＝子ども向け」という従来のイメージを覆した作品。テーマ曲はインストルメンタル版の方が有名だが、当編曲のように歌のバージョンもある。インスト版と歌バージョンではメロディのリズムが異なるが、編曲に当たっては切れの良いインスト版のリズムを採用した。

宝島 ［1978 年］

番組としての知名度はそれほど高くないが、羽田健太郎作曲によるこの主題歌は名作として名高い。他のアニメ主題歌に見られないモダンな和声進行が特徴であり、合唱で歌われるに適したフォルムを持った楽曲である。

ゲゲゲの鬼太郎 ［1968 年］

1985 年から放映された第 3 シリーズでは吉幾三の歌唱によるロック調アレンジ版の主題歌が使われたが、何と言っても熊倉一雄の不気味な歌唱による第 1 シリーズのオリジナル版が秀逸である。当編曲集では熊倉版を念頭に置きつつ、ジャズテイストを加味している。

鉄腕アトム ［1963 年］

若き日の谷川俊太郎が作詞を担当している。原曲の曲想はマーチ風だが、編曲に当たっては壮大な展開を試みている。手塚治虫の祈りに感応しようとした結果のアレンジである。

幸い初演指揮者・合唱団は私が良く存じ上げている方々ばかりだったので、各合唱団のキャラクターを思い浮かべつつ楽しく編曲の作業を進めることが出来た。優れた 4 つの合唱団のご協力を得られたことに心から感謝申し上げたい。

信長貴富

『ルパン三世（新シリーズ）』より
ルパン三世のテーマ
作詞／千家和也　作曲／大野雄二　編曲／信長貴富

© 1977 by NIPPON TELEVISION MUSIC CORPORATION
& TMS MUSIC CO.,LTD.

『宝島』より
宝　島

作詞／岩谷時子　作曲／羽田健太郎　編曲／信長貴富

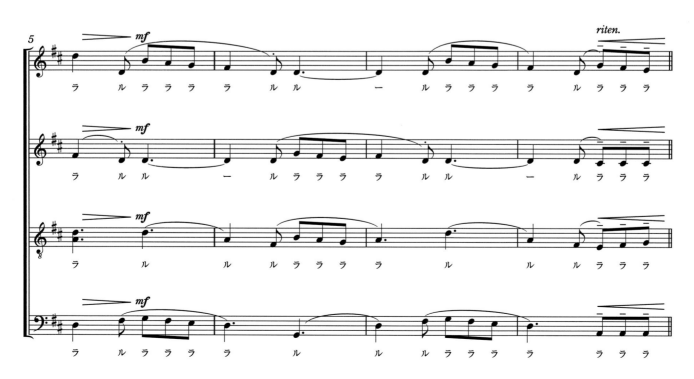

© 1978 by NIPPON TELEVISION MUSIC CORPORATION
& TMS MUSIC CO.,LTD.

『ゲゲゲの鬼太郎』より
ゲゲゲの鬼太郎
作詞／水木しげる　作曲／いずみたく　編曲／信長貴富

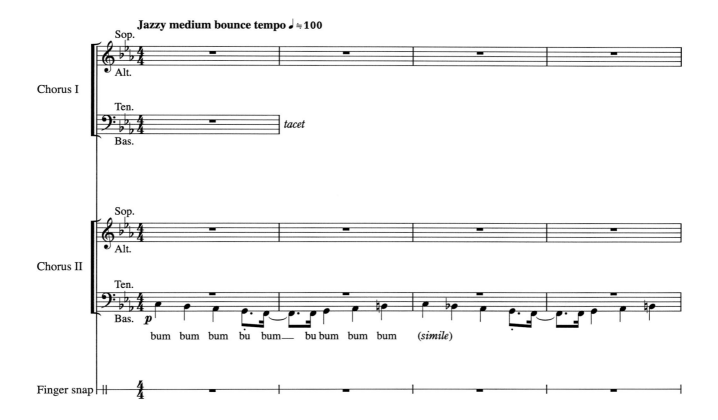

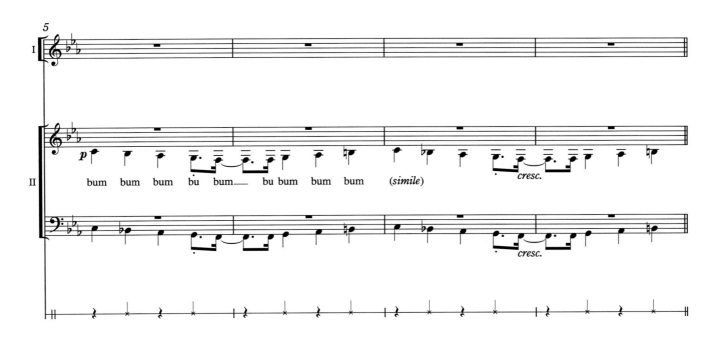

© Copyright 1968 by SEVEN SEAS MUSIC CO.,LTD. &
ALL STAFF MUSIC CO.,LTD.

『鉄腕アトム』より
鉄腕アトム

作詞／谷川俊太郎　作曲／高井達雄　編曲／信長貴富

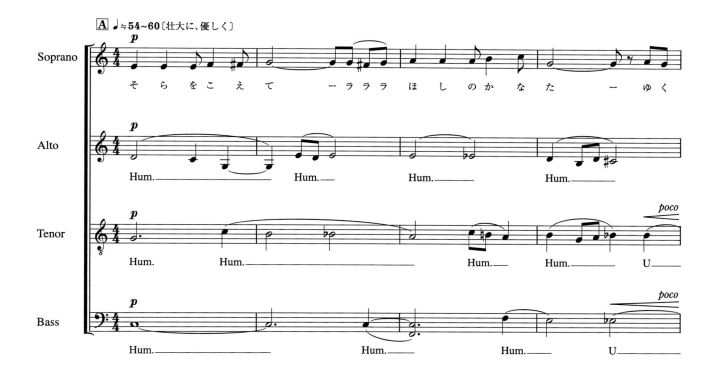

© 1963 by NIPPON TELEVISION MUSIC CORPORATION

アニソン・オールディーズ

にっぽん昔ばなし
作詞：川内康範／作曲：北原じゅん

坊やよい子だねんねしな
今も昔もかわりなく
母のめぐみの子守唄
遠いむかしの物語

夢をたぐればほろほろと
花もほころぶかぐや姫
人のなさけがしあわせを
そっと運んだ笠地蔵

ゆけゆけ飛雄馬
作詞：東京ムービー企画部／作曲：渡辺岳夫

思いこんだら　試練の道を
行くが男の　ど根性
真赤に燃える　王者のしるし
巨人の星を　つかむまで
血の汗流せ　涙をふくな
行け行け飛雄馬　どんと行け

タイガーマスク
作詞：木谷梨男／作曲：菊池俊輔

しろいマットの　ジャングルに
きょうも　あらしが吹きあれる
ルール無用の　悪党に
正義のパンチを　ぶちかませ
ゆけ　ゆけ　タイガータイガー
タイガーマスク

アタック No. 1
作詞：東京ムービー企画部／作曲：渡辺岳夫

苦しくったって　悲しくったって
コートの中では　へいきなの

ボールがうなると　胸がはずむわ
レシーブ　トス　スパイク
ワントゥ　ワントゥ　アタック
　（だけど涙がでちゃう　女の子だもん）

アタック　アタック　No. 1
アタック　アタック　No. 1

ルパン三世のテーマ
作詞：千家和也／作曲：大野雄二

真っ赤な薔薇は　あいつの唇
やさしく抱きしめて　くれとねだる
瞳の奥に　獲物を映して
淋しく問いかける　愛の在りか

男には　自分の世界がある　たとえるなら
空をかける　ひとすじの流れ星
孤独な笑みを　夕陽にさらして
背中で泣いてる　男の美学

宝 島
作詞：岩谷時子／作曲：羽田健太郎

さあ行こう　夢にみた島へと
波を越えて　風にのって　海へでよう
行く手には　みんなまだ知らない
ふしぎな　昼と夜とが
待って　いるだろう
いつも信じよう　まごころを
勇気をむねに　すすもうよ
☆ただひとつの　あこがれだけは
どこのだれにも　けせはしないさ

さあ行こう　歌声がながれる
青空のましたに　白い帆をあげよう
海がよぶ　ぼうけんのたびじで
苦しいことや　あらしに

きっと　あうだろう
いつもほほえみを　わすれずに
勇気をむねに　すすもうよ
ただひとつの　あこがれだけは
どんなときにも　けせはしないさ

☆くりかえし

ゲゲゲの鬼太郎
作詞：水木しげる／作曲：いずみたく

ゲゲ　ゲゲゲのゲ
朝は　寝床で　グー　グー　グー
たのしいな　たのしいな
おばけにゃ学校も
しけんも　なんにもない
ゲゲ　ゲゲゲのゲ
みんなで歌おう　ゲゲゲのゲ

ゲゲ　ゲゲゲのゲ
昼はのんびり　お散歩だ
たのしいな　たのしいな
おばけにゃ会社も
仕事も　なんにもない
ゲゲ　ゲゲゲのゲ
みんなで歌おう　ゲゲゲのゲ

ゲゲ　ゲゲゲのゲ
夜は墓場で　運動会
たのしいな　たのしいな
おばけは死なない
病気も　なんにもない
ゲゲ　ゲゲゲのゲ
みんなで歌おう　ゲゲゲのゲ
みんなで歌おう　ゲゲゲのゲ
みんなで歌おう　ゲゲゲのゲ……

鉄腕アトム
作詞：谷川俊太郎／作曲：高井達雄

空をこえて　ラララ
星のかなた
ゆくぞ　アトム
ジェットのかぎり
心やさしい　ラララ
科学の子
十万馬力だ
鉄腕アトム

耳をすませ　ラララ
目をみはれ
そうだ　アトム
ゆだんをするな
心ただしい　ラララ
科学の子
七つの威力さ
鉄腕アトム

町かどに　ラララ
海のそこに
今日も　アトム
人間まもって
心はずむ　ラララ
科学の子
みんなの友だち
鉄腕アトム

◎楽曲中で使用されている箇所のみ掲載しています。

皆様へのお願い

楽譜や歌詞・音楽書などの出版物を権利者に無断で複製（コピー）することは、著作権の侵害（私的利用など特別な場合を除く）にあたり、著作権法により罰せられます。また、出版物からの不法なコピーが行われますと、出版社は正常な出版活動が困難となり、ついには皆様方が必要とされるものも出版できなくなります。
音楽出版社と日本音楽著作権協会（JASRAC）は、著作者の権利を守り、なおいっそう優れた作品の出版普及に全力をあげて努力してまいります。どうか不法コピーの防止に、皆様方のご協力をお願い申しあげます。

カワイ出版
一般社団法人　日本音楽著作権協会

携帯サイトはこちら▶

出版情報&ショッピング　**カワイ出版ONLINE**　http://editionkawai.jp

無伴奏混声合唱のための　**アニソン・オールディーズ**　信長貴富（のぶながたかとみ）編曲

● 発行所＝カワイ出版（株式会社 全音楽譜出版社 カワイ出版部）
　　〒161-0034 東京都新宿区上落合 2-13-3　TEL 03-3227-6286／FAX 03-3227-6296
　　出版情報 http://editionkawai.jp

● 表紙装丁＝vip　● 楽譜浄書＝神田屋　● 印刷・製本＝大日本印刷株式会社

ⓒ 2009 by edition KAWAI, Tokyo, Japan.　　日本音楽著作権協会（出）許諾 0908233-535 号

● 楽譜・音楽書等出版物を複写・複製することは法律により禁じられております。落丁・乱丁本はお取り替え致します。
　本書のデザインや仕様は予告なく変更される場合がございます。

ISBN978-4-7609-2768-5

2009 年 8 月 2 日　第 1 刷発行
2025 年 5 月 1 日　第 35 刷発行